IDEAS PARA ESCRIBIR TU PRÓXIMA NOVELA

ISBN: 9798853786899
Imprint: Independently published
Año de la primera edición: 2023

SOBRE EL LIBRO

¡Te damos la bienvenida! Este libro compila ideas que hemos tenido y anotado a lo largo de los años y que quisiéramos compartir con otros autores. Las hemos dividido según los géneros literarios más usuales y siguiendo criterios personales, pero muchos de los conceptos pueden adaptarse a historias de toda clase.

¡No te limites!

El objetivo de este libro es disparar tu imaginación y ayudarte a hallar la inspiración que necesitas para comenzar con tu próximo proyecto.

No tomes las ideas que leerás a continuación de manera literal: mastícalas, combínalas, juega con ellas y transfórmalas en lo que creas pertinente para tu futura novela, relato, cuento o poema.

La utilización de disparadores temáticos nos ha ayudado mucho en momentos de bloqueos creativos, ya fuera para planear los próximos manuscritos o para ejercitar la escritura con textos breves.

¿Nos permites poner un ejemplo sobre cómo consideramos que deberías utilizar este libro?

Imaginemos que lees a continuación una idea que dice:

"Ella olvida su cartera en el tren y él la encuentra. Se propone regresársela a su dueña y, en el proceso de búsqueda de la extraña, él comienza a enamorarse de ella sin conocerla siquiera".

Si te gusta ese concepto, no es necesario que lo tomes al pie de la letra. Puedes hacer que ambos personajes sean hombres o mujeres. Que lo que se pierda sea el teléfono en lugar de la cartera. Que no ocurra en un tren, sino en un vuelo de avión. ¿Y si ella es azafata y él pasajero?

Esta idea puede derivar en un policial cuando la dueña de la cartera aparece muerta en la estación. O quizá incluso serviría para dar pie a un manuscrito de terror psicológico sobre un *stalker*.

¿Y si la escena transcurriera en un método de transporte futurista en otro planeta cuando ambos personajes están yendo de vacaciones al *resort* más popular y costoso de la galaxia?

Las posibilidades son casi infinitas y depende de ti moldear los disparadores a tu manera para crear una historia única.

Incluso si millones de personas compraran este libro y tomaran la misma idea de base que tú has elegido, las novelas (o relatos) que escribirían serían sumamente diferentes entre sí.

Ese es nuestro objetivo: darle un pequeño primer empujón a tu creatividad para que luego siga su propio camino.

No olvides que, muchas veces, a las personas nos gusta crear y consumir historias que siguen ciertos patrones. Por eso existen los tropos o clichés.

Que varias historias sigan una misma línea de base no está mal ni es algo negativo, siempre y cuando cada autor ponga lo mejor de sí en darle una nueva vuelta de tuerca al concepto.

Existen, continuando con los ejemplos, miles de historias de romance entre una secretaria (o secretario) y un jefe (o jefa).

Los contextos de cada una de esas tramas son diferentes. Transcurren en momentos diversos de la historia, en numerosas partes del mundo o incluso en sitios inventados, en el pasado, el presente y el futuro. En contextos únicos y con problemáticas que son específicas a cada título.

Podemos tener a un soldado y su general en una guerra intergaláctica. Podemos tener a un noble viudo en la época victoriana y a la tutora de sus hijos. O quizá al CEO de una empresa tecnológica del presente y a un joven inexperto que hace su pasantía universitaria allí.

Una vez más, las posibilidades son numerosas. Todas parten de una misma base y toman tangentes únicas.

¡No tengas miedo de combinar o cambiar las ideas base!

Tampoco te preocupes por dar créditos o decir de forma pública de dónde has tomado la inspiración. No es necesario. Nuestro objetivo no es que cites este libro. Solo queremos darte una mano en tu trayectoria como autor o autora.

Por último, nos disculpamos de antemano si en algún disparador asumimos la identidad de género de los personajes, es solo el modo en el que teníamos redactada la idea en nuestros apuntes. Toda historia puede tomarse y escribirse con personajes diversos y roles variados.

Ojalá encuentres aquí al menos una idea que te ayude.

Gracias por comprar el libro.

TERROR

Una familia se muda a una nueva casa, solo para descubrir que allí residen los fantasmas de los antiguos propietarios.

Un grupo de amigos decide acampar en el bosque. Pronto descubren que algo peligroso acecha en la oscuridad.

Un grupo de exploradores se aventuran en una cueva que ha estado cerrada durante siglos, solo para descubrir que no están solos allí dentro.

Una influencer popular es perseguida por un acosador siniestro que parece conocer todos sus movimientos y pensamientos.

Un hombre acepta un trabajo en una mansión antigua y aislada. Allí descubre que la casa está llena de secretos oscuros y peligrosos.

MÁS DISPARADORES DE TERROR

- Un niño tiene una amistad inquietante con un muñeco que parece tener vida propia.

- Una serie de asesinatos grotescos que parecieran estar con algún culto en una pequeña comunidad aislada.

- Pesadillas recurrentes que parecen tener una conexión con eventos del pasado.

- Un espejo que muestra imágenes aterradoras de un mundo paralelo.

- Los protagonistas entran a un cementerio para hacer vandalismo para demostrar que allí no hay nada, pero quedan atrapados y no hallan forma de salir.

- La desaparición repentina de todos los habitantes de un pueblo durante una noche. Nadie los ve, pero siguen allí.

- Una plaga inexplicable que afecta solo a ciertas personas en una comunidad.

- Un espejo que refleja un rostro diferente y espeluznante cada vez que alguien se mira en él.

- La sombra de una criatura inhumana que acecha a los habitantes de un pueblo. Solo pueden ver la sombra, no a la criatura.

- Una serie de fotografías antiguas y extrañas que muestran a personas del presente que han desaparecido hace poco.

- La aparición de una silueta fantasmal en las fotos de una familia.

- La llegada de una extraña niebla que trae consigo muertes aterradoras.

- Luego de un terremoto, una familia descubre un túnel escondido en el sótano de su casa.

- La sombra de un niño que sigue a un grupo de amigos en una casa abandonada.

- Una enfermedad contagiosa que causa alucinaciones terroríficas.

AVENTURA

Un grupo de exploradores se embarca en una expedición para encontrar una antigua ciudad descrita solo en una vieja bitácora recuperada de un naufragio.

Un viaje en barco a través de mares peligrosos y tormentosos en los que un grupo pirata
aterrador ha hundido a otras embarcaciones.

Una expedición a las profundidades del océano para descubrir criaturas marinas misteriosas.

Una joven que se une a una tripulación de contrabandistas para cruzar una peligrosa frontera.

Sale a la luz un mapa que guía a un tesoro desconocido. Numerosos cazadores de tesoros se lanzan a la búsqueda y luchan entre ellos a medida que se aproximan.

Un equipo de escaladores que intenta conquistar una montaña imponente y llena de peligros.

Un joven que se une a una compañía de
teatro ambulante y viaja por tierras
sorprendentes.

MÁS DISPARADORES DE AVENTURA

- Un joven se embarca en un viaje en solitario para encontrar respuestas sobre su pasado.

- Un grupo de científicos viaja a una isla remota para estudiar una especie rara y peligrosa de planta.

- Un equipo de buzos explora los restos de un naufragio y quedan atrapados allí con oxígeno solo por veinticuatro horas.

- El sobreviviente de un avión estrellado en medio de la jungla y su búsqueda por regresar a la civilización.

- Un viaje a través del desierto.

- Un equipo de alpinistas intenta rescatar a un magnate que desapareció cuando escalaba una montaña imponente y peligrosa en sus vacaciones.

- Luego de un terremoto, la entrada a una cueva subterránea queda descubierta entre las montañas. Un grupo de jóvenes decide explorarla y quedan atrapados dentro. Deben hallar otra salida.

HUMOR

Una familia disfuncional debe trabajar junta
para superar una serie de desastres y problemas que surgen en sus vacaciones.

Una competencia absurda entre vecinos por el jardín más bonito en el vecindario y cómo intentan sabotearse.

Una pareja decide remodelar su casa ellos mismos sin tener conocimientos al respecto. Por cada cosa que quieren arreglar, rompen otras tantas.

Un viaje por carretera caótico en el que nada sale según lo planeado.

Desesperados por dinero, dos hermanos inician un negocio sobre algo de lo que no tienen ni idea. Su primer cliente resulta ser un hombre importante y poderoso.

En un mundo en el que todos tienen habilidades increíbles, el/la protagonista tiene un
superpoder inútil.

Un grupo de ancianos aburridos decide hacer
su propio *reality show* sobre convivir en el
geriátrico y pasarlo en vivo por internet.
Se vuelve un hit.

OTROS DISPARADORES DE HUMOR

- Un personaje al que le implantan un primer prototipo de un chip para criminales que hace que siempre diga la verdad, sin importar lo incómodo o vergonzoso que sea.

- El/la protagonista tiene la habilidad de leer mentes, pero solo mientras las personas están comiendo.

- Un grupo de amigos muy tontos queda atrapado en un escape room por días.

- Un adulto recibe una descarga eléctrica por accidente y cree tener superpoderes, así que va por la ciudad intentando ayuda pero acaba arruinando todo.

CIENCIA FICCIÓN

En el futuro, los humanos han desarrollado la tecnología para transferir sus conciencias a cuerpos robóticos, pero un virus comienza a causar errores.

En un futuro distópico, la sociedad ha perfeccionado la tecnología de la modificación genética. Se vuelve una moda modificar a los bebés antes de que nazcan.

Ante la destrucción de nuestro planeta,
los humanos son aceptados como refugiados
en otros rincones de la galaxia.
Son inmigrantes discriminados en casi todos
lados. Están dispersos. Pero existe un grupo
disidente que busca reunir a los
sobrevivientes y crear una nueva Tierra.

Un hombre es secuestrado por alienígenas y se ve obligado a luchar en una arena para el entretenimiento de seres extraterrestres. Allí conoce a otros cautivos del universo con los que intenta planear un escape.

MISTERIO

Una mujer rica y poderosa es encontrada muerta en su mansión, todos los miembros de su familia tienen motivos para ser sospechosos.

Un detective retirado es llamado para investigar nuevamente un caso que nunca pudo resolver. Al parecer, se ha encontrado nueva evidencia.

Una serie de robos inexplicables en un museo de arte lleva a un detective a descubrir una conspiración detrás de los hechos.

Un joven desaparece en circunstancias misteriosas, y su mejor amigo comienza una búsqueda desesperada para encontrarlo.

Un periodista que está investigando a una
gran empresa por prácticas sospechosas
desaparece, así que la policía decide enviar
a uno de sus mejores detectives como
empleado encubierto para averiguar
qué ocurrió.

MÁS DISPARADORES DE MISTERIO

- Una mujer es contratada para limpiar una casa que pronto se pondrá en venta. Allí encuentra un cadáver de alguien que no tiene relación alguna con el lugar.

- Un asesino en serie aterroriza una pequeña ciudad. Un grupo de vecinos deciden investigar en secreto. El criminal podría estar entre ellos.

- Una persona amnésica se presenta a la estación policial y asegura haber matado a alguien, pero no recuerda más que eso. Debe investigarse quién es y qué ha ocurrido en realidad.

- Una persona encuentra un cuaderno en el que pareciera estar planeado un crimen que va a cometerse pronto.

ROMANCE

Una historia de amor que trasciende el
tiempo, con los protagonistas conectados
a través de vidas pasadas.

Un encuentro casual en un aeropuerto que cambia la vida de los protagonistas para siempre.

Dos compañeros de trabajo pierden el vuelo
al regreso de una conferencia y la aerolínea
les hace compartir un cuarto de hotel por dos
noches. Tienen 48 horas para enamorarse.

El reencuentro casual de dos personas que vivieron un amor de verano en la juventud.

Un amorío secreto en el lugar de trabajo que pone en peligro las carreras de los protagonistas.

El romance secreto entre dos rivales políticos.

Un romance entre un abogado y un testigo clave en un caso importante.

MÁS DISPARADORES DE ROMANCE

- Un romance entre dos desconocidos que se encuentran atrapados juntos en una situación de supervivencia.

- Un romance entre un introvertido y un extrovertido que se complementan perfectamente.

- Dos actores que se odian deben actuar como pareja en su próxima película/obra teatral. De a poco confunden realidad y ficción.

- Un amorío que surge durante un crucero de lujo.

- Un romance juvenil por chat/redes entre personas que ocultan mucho sobre sus vidas y problemas personales.

- Un romance entre dos viajeros que se encuentran en un albergue o un tren.

- Dos personas que se sueñan constantemente sin conocerse hasta que por fin se encuentran.

- Un amorío que se desarrolla en medio de un desastre natural.

- Una historia de amor entre un veterinario y un dueño de mascota.

FANTASÍA

Un mundo mágico donde los sueños se convierten en realidad y los protagonistas deben aprender a controlar sus pesadillas.

Una persona que ve palabras tatuadas en las demás que reflejan lo que piensan y sienten.

Un grupo de ladrones con habilidades
mágicas son contratados para robar
un artefacto en el reino enemigo.

Un artefacto maldito que otorga poderes
inimaginables al arqueólogo que lo descubre,
pero también corrompe su alma y lo vuelve
un villano.

Una ciudad donde el tiempo se ha detenido y los protagonistas, que llegan por casualidad, deben encontrar una forma de reactivarlo.

OTROS DISPARADORES DE FANTASÍA

- Una búsqueda para encontrar el último dragón (u otra criatura) del mundo y protegerlo de la caza furtiva.

- Una ciudad donde el tiempo se repite cada dos días en un ciclo, solo los niños están fuera del hechizo y deben hacer algo para detenerlo.

- Una maldición que convierte a la gente en insectos durante las noches.

- Un pueblo protegido por un hechizo de invisibilidad que lo oculta del resto del mundo. Los habitantes están atrapados dentro, muriendo por una epidemia. Necesitan hallar la salida.

CHICK- LIT

Una joven exitosa en su carrera, pero desastrosa en el amor, debe enfrentar una serie de citas fallidas mientras busca al hombre (o mujer) ideal.

Una mujer que tiene una mala racha en su trabajo y vida personal, pero encuentra el apoyo inesperado de un grupo de amigas que se reúnen en un café todas las semanas.

Dos amigas recién divorciadas deciden iniciar
su propio emprendimiento y fundan una
empresa.

Un grupo de mujeres solteras deciden viajar juntas y enfrentar diversas situaciones cómicas y románticas en el camino.

Una protagonista que se involucra, por insis-
tencia de sus amigas, en un *reality show*
de citas y debe decidir entre
varios pretendientes.

OTROS DISPARADORES DE CHICK-LIT

- Un grupo de amigas funda un club de lectura y comparten sus experiencias románticas mientras discuten novelas.

- La protagonista se une a un club de teatro para adultos para superar sus inseguridades y encuentra el amor en el escenario.

- Una protagonista que crea una cuenta en una aplicación de citas y acaba saliendo con otra chica que se hacía pasar por hombre allí.

- Una mujer que está harta de estar sola y, sin saber cómo conocer gente nueva, decide tratar de reencontrarse con todos sus exnovios de la juventud.

- Un grupo de amigas deciden intercambiar a sus novios por una semana y descubren que son uno peor que el otro.

- Un grupo de amigas que se unen para escribir un libro sobre sus desventuras en el amor y se convierte en un éxito de ventas.

HISTORICA

El complot para asesinar a un rey en la corte
de una monarquía medieval.

Un joven que está escapando de deudas y acaba subido a un barco pirata casi por error.

Una mujer que lucha por la igualdad de dere-
chos en la época de la Revolución Francesa.

Una pintora renacentista que lucha por ser reconocida en una sociedad dominada por hombres.

Un príncipe exiliado que regresa para reclamar su trono.

Un hombre es obligado por su familia a con-
vertirse en sacerdote, pero él está enamorado
y desea formar una familia. Él y su amada
huyen de Europa rumbo a Latinoamérica.

Un prisionero con mucho talento musical recibe una propuesta del rey: crear una melodía especial para su boda. Tiene que conmover a la futura reina hasta las lágrimas. Si lo logra, será libre. Si no lo logra, morirá.

OTROS DISPARADORES HISTÓRICOS

- Un extranjero llega a un reino cerrado. Trae consigo ideas y conceptos revolucionarios que dividen a la sociedad.

- Un concurso entre pintores talentosos para poder tener el honor de crear la obra maestra que decorará el cielorraso de una catedral.

- El romance prohibido entre un rey y su consejero.

- La vida de un esclavo que se rebela contra su amo y lidera una insurrección para buscar su libertad.

- Un grupo de músicos y poetas que se reúnen con excusas artísticas mientras en realidad planean derrocar al gobierno.

- Una historia de amor entre un líder político y una mujer comprometida con la lucha por la independencia.

¡TE DESEAMOS
MUCHA SUERTE CON
TU PRÓXIMA NOVELA!

ÍNDICE